AF565198

Enrique Pamies Medina

¡Algo habrán hecho!

Impresión y editorial: BoD – Books on Demand
info@bod.com.es – www.bod.com.es
Impreso en Alemania – Printed in Germany

ISBN: 978-8-4132-6427-1

ÍNDICE

Introducción

Euskadi Ta Askatasuna, ETA, fue una banda terrorista que se dedicaba al asesinato y a la extorsión de españoles, todos los españoles. Y los vascos son, han sido y serán, españoles.

Esto que puede parecer una perogrullada es algo que hoy día, en 2023, parece haberse olvidado. Quizás habría que decir que quieren obligarnos a que lo olvidemos por intereses espurios de ciertos políticos que esperan sacar un rédito de todo ello (o que ya lo están obteniendo). Parece mentira, pero es la cruel y absoluta verdad.

Para que ese olvido no cale más en nuestra sociedad, es por lo que veo necesario realizar proyectos como el presente, de forma y manera que unos recuperen la memoria y otros, los más jóvenes, sepan qué fue, pero de verdad, lo que aquellos delincuentes, bastardos asesinos, hicieron durante cuarenta años.

Este proyecto está basado en hechos reales. Todos los asesinatos que se relatan tuvieron lugar en los últimos años de la década de los setenta y casi toda la década de los ochenta del siglo pasado.

Se han cambiado los nombres de los protagonistas; tristes y miserables protagonistas, no así el nombre de sus víctimas y de quienes dieron su vida. Esto es debido a que nuestra justicia, y lo pongo con minúsculas porque no merece otra cosa, no consideró creíbles los informes de nuestras Fuerzas de Seguridad Policía Nacional y Guardia Civil, elaborados cuando los detuvieron y asumieron en sus declaraciones todos los hechos y, sí, en cambio, la palabra de los etarras cuando pasaron a su disposición y dijeron que todo se lo habían inventado. Es imposible, créanme, pues he interrogado a muchos de ellos, que los datos que facilitaban en sus manifestaciones pudiéramos saberlos quienes preguntábamos, y mucho menos con la precisión con la que ellos los daban. Y por cierto, interrogar nada tiene que ver con torturar a pesar de que en la actualidad los progresistas, nacionalistas, y otras especies, quieran hacerles ver lo contrario.

Incluso, hoy por hoy, tenemos que aguantar cómo en privado ya que no tienen lo necesario para decirlo en público, funcionarios de justicia (que es lo que jueces y fiscales parecen querer demostrar son) digan que esto de ETA ya no está "de moda".

Los nombres de los dirigentes de ETA sí son reales. No creo que se molesten y, si lo hacen, ajo y agua.

Todo lo aquí relatado es pues, una mezcla de realidad y ficción; que cada cual elija con qué verdad o ficción quedarse.

Lo de **"algo habrán hecho"** es un dicho que se hizo popular entre la sociedad vasca (una gran parte de ella) ante cada nuevo asesinato de ETA, quizás para ocultar así su cobardía o su falta de reacción.

Vaya por delante mi solicitud de perdón a las familias de las víctimas que en este proyecto van a aparecer si les hago rememorar tristes recuerdos, pero creo que es una forma muy pequeña, de hacerles justicia.

Esas víctimas, esa época de España y quienes allí estuvieron, no deben quedar en el olvido ya que, como decía Georges Bernanos: *El verdadero odio es el desinterés y el asesinato perfecto es el olvido.*

Muchas de los asesinatos que leerán a continuación están todavía sin esclarecer judicialmente, que no policialmente. Espero que pueda servir de algo todo lo que se contará ya que si bien los asesinos son ficticios, guardan o pueden guardar algún paralelismo con personajes de carne y hueso, pero es un mundo donde realidad y ficción se separan por un muy liviano velo

Esto, si para cuando este proyecto vea la luz no han sido declarados víctimas de la represión del Estado e incluso indemnizados o nombrados hijos predilectos de alguna localidad, que al paso que vamos no es nada descartable.

También reseñar que, como en todo en esta vida, generalizar no es siempre justo. Hubo vascos de bien (aunque en Guipúzcoa pocos), incluso entre gente nacionalista. Vaya para ellos mi respeto y gratitud.

PERSONAJES PRINCIPALES DE FICCIÓN Y SUS APODOS

Alex ARZALLUS	CASERO
Koldo EGUIBAR	TXIKI
Julen MONZÓN	BELTZA
Iker MENDIA	CALVO
Patxi ANDUEZA	BESTIA

LISTADO DE LÍDERES ETARRAS Y SUS APODOS

Domingo ITURBE ABASOLO	TXOMIN
Santiago ARRÓSPIDE SARASOLA	SANTI- POTROS
Isidro María GARALDE BEDIALAUNETA	ANTXON
José Ramón LOPEZ DE ABECHUCO LIQUINIANO	JOSERRA
Juan Lorenzo LASA MICHELENA	TXIKIERDI
Carlos IBARGUREN AGUIRRE	NERVIOS
Jesús ARCAUZ ARANA	JOSU DE MONDRAGÓN
José Javier ZABALETA ELOSEGUI	BALDO
José Luis ANSOLA LARRAÑAGA	PEIO EL VIEJO

PARTE PRIMERA

"COMANDO LEGAL"

(1979-1980)

1978.

Tercer año desde la muerte de Francisco Franco y año en que se promulgó la actual Constitución española.

A pesar de la llegada de la democracia y de las libertades, ETA seguía su particular camino de violencia. Los asesinatos, extorsiones, secuestros, bombas y demás de su siniestro quehacer, iban a más. Obviamente, el Estado se defendía como podía sobre todo con la acción de las Fuerzas de Seguridad del Estado. Guipúzcoa y Vizcaya eran los territorios más azotados por la tormenta terrorista seguida por Álava y Navarra.

Tres amigos de la misma quinta, 1955, y uno un par de años mayor, todos de una localidad próxima a San Sebastián, deciden integrarse en la organización terrorista ETA Militar. Estos eran sus nombres: Alex ARZALLUS "CASERO"; Koldo EGUIBAR "TXIKI"; Julen MONZÓN "BELTZA"; e Iker MENDIA "CALVO".

El líder de la cuadrilla era "CASERO", quien se había hecho con publicaciones y escritos tanto de Sabino ARANA como de Telésforo MONZÓN; hacía proselitismo cada vez que cuadraba la ocasión de algunas de sus histriónicas y esquizofrénicas máximas. Era de estatura media, sobre 1,76, atlético y gustaba de usar barba. De estudios medios, se dedicaba a trabajar en lo que salía esperando hacerse fijo en cualquiera de las prósperas (por aquel entonces) empresas ubicadas en las inmediaciones de Donostia. Había mamado en su casa el nacionalismo y era muy aficionado a leer cualquier documento sobre la materia, muchos de ellos memorizándolos, aunque buena parte de las veces no entendiera qué era lo que leía. Los mitos y leyendas se convertían en actos de fe para el joven Alex. Pelín *borono,* de ahí lo de su apodo "CASERO", pero con dotes de liderazgo.

Era de los pocos que usaba el chubasquero Karhu que se puso de moda por aquellas fechas. Claro que eso lo hizo hasta que las "lumbreras" del Ministerio del Interior de Madrid elaboraron el "Plan ZEN (Zona Especial Norte)". Como casi todo en materia de antiterrorismo por aquel entonces (y años después), debió de ser elaborado por algún Gabinete cuyos integrantes no habían pisado el País Vasco y a los terroristas los conocían en los periódicos y de lejos.

Una de sus máximas era que si veías a un joven con Karhu, barba, y calzando deportivas, etarra al canto. ¡Qué linces había y hubo en esos gabinetes! Eso sí, fijo que alguna condecoración pensionada se llevaron, aunque su máximo riesgo fuera que se les cayera una grapadora del despacho en el dedo gordo del pie. Si era en el meñique la condecoración se quedaba en Cruz Blanca al Mérito de la Policía o Guardia Civil.

Por cierto, el 80 por ciento de los policías que andábamos por aquellos años en esa tierra trabajando llevábamos Karhu como chubasquero. Pero claro, ¡para qué iban a preguntar a los que vivían sobre el terreno si los listos eran los de Madrid!

Koldo EGUIBAR era el más pequeño de los cuatro y de ahí su apodo de "TXIKI" ya que apenas llegaba a los 1,65 metros de estatura. Fibroso de complexión, al igual que casi todos los jóvenes de aquella época, era un amante del monte. Había sacado los estudios de primaria con dificultad por lo que se dedicaba a tareas del campo para ganarse la vida.

Julen MONZÓN era poco más alto que TXIKI. Su apodo de "BELTZA" era por su afición al vino tinto, que en euskera se denomina *beltza*. Muy bruto de carácter que no de físico; toda su familia, en especial algún hermano, compartía sus ideales radicales. Se enfurecía si veía a alguien por el pueblo con otro diario que no fuera el Egin. Trabajaba de mecánico, aunque los lunes solía estar de baja recuperándose de los excesos del fin de semana en cuanto a bebercio se refiere.

Iker MENDIA era el mayor de los cuatro, aunque fiel seguidor de CASERO. Se trataba del único que había conseguido estudiar Bachillerato por lo que sus amigos le decían que se iba a quedar "CALVO" de tanto estudiar, de ahí su mote. Quizás el más inteligente de ellos que no listo, por lo que su carrera terrorista no fue tan dilatada como la de sus colegas de cuadrilla. Trabajaba en una empresa como administrativo. Tras verter la primera sangre quedó apartado a funciones logísticas y de apoyo.

Decididos ya a que no bastaba con participar en manifestaciones y algún que otro enfrentamiento con "maderos" (policías) o pikoletos (guardias civiles), se decidieron a dar el siguiente paso.

Durante ese año buscaron entrar en contacto con la Organización en el sur de Francia. Esto no era nada difícil en aquel entonces ya que ETA disponía en lo que los abertzales llaman Iparralde (región del sur de Francia donde se habla el euskera) de oficinas de reclutamiento totalmente públicas.

Consiguieron una cita con el líder de ETA Domingo ITURBE ABASOLO, "TXOMIN", quien además de dirigir a la banda llevaba en persona a los denominados Comandos Legales Armados.

Esto de "comandos" se debe más la prensa española que a la realidad ya que ellos realmente se denominaban *taldes*; es decir, grupos. Pero queda más rimbombante lo de comandos y resto de terminología militar.

Para llegar a esa cita ellos sí debían cruzar la frontera que estaba controlada, en sus pasos habilitados, por las Fuerzas de Seguridad. Por ello, para acudir, fueron los cuatro en coche hasta las inmediaciones del puesto fronterizo de Santiago (Irún). Allí, uno de ellos cruza a Hendaya a pie, dos lo hacen a través del "topo", un tren de cercanías que une San Sebastián con esa localidad con paradas en diversos pueblos incluido Irún, y el tercero en un coche a través del puesto de Behobia. Una vez los cuatro en Hendaya, vuelven a juntarse y se dirigen sin ningún problema hasta la cita con "TXOMIN".

Ya aceptado lo de conformar un *talde* o comando legal armado, les indica que al menos uno de ellos deberá acudir en una fecha concreta a pasar varios día allí —por lo general eran tres o cuatro—, al objeto de realizar el correspondiente cursillo de adiestramiento.

Una vez decidido quién acudiría al cursillo que como es obvio fue "CASERO" quien luego ejerció como Buru (cabeza, jefe) del talde, éste se desplazó hasta un punto concreto de Iparralde aprovechando fiestas o algún puente de ese año.

Una vez en el punto fijado, fue recogido por un vehículo. Sentado en la parte trasera le hicieron poner unas gafas de sol opacas hasta llegar a una casa, por lo general un caserío o similar alejado de otras viviendas.

Allí estuvo durante los siete días que duraban por término medio y en aquellas fechas estos cursillos (incluso se dio el caso de alguno que duró un mes), sin salir salvo para las prácticas de tiro, las cuales se solían realizar en algún punto de los inmensos bosques de Las Landas.

El cursillo consistió en instrucción sobre armamento y explosivos, que luego iban a utilizar en su zona de actuación en España. Esta parte la impartían indistintamente en aquellos tiempos Santiago ARROSPIDE SARASOLA, "SANTI POTROS" e Isidro María GARALDE BEDIALAUNETA, "MAMARRU", incluyendo como he dicho prácticas reales de tiro con pistola, subfusil y rifle de asalto. También recibía varias horas de adoctrinamiento político impartido por Eugenio ECHEVESTE ARIZCUREN, "ANTXON".

Y para finalizar se le adiestraba en todo lo relativo a medidas de seguridad que todo el talde debía adoptar, por ejemplo cómo detectar si eran seguidos, cómo efectuar vigilancias sobre los objetivos, como actuar en una *ekintza* (acción), abstenerse de acudir a manifestaciones o algaradas.

Se le indicaba que debían construir al menos un agujero (que es lo que significa en euskera *zulo*) para ocultar el armamento y explosivos que les iban a enviar. Solía ser un bidón enterrado en alguna zona montañosa o boscosa y dada la climatología vasca debían asegurarse de su estanqueidad.

Igualmente debían preparar un "buzón" donde mandar o recibir notas de y para la Organización fuera de las citas que tuviesen marcadas con su responsable ("TXOMIN"). Este buzón no era más que un tarro de cristal o de Cola Cao oculto no muy lejos de alguna carretera, y al que debían acudir con una periodicidad más o menos mensual.

Todo lo que le enseñaron quedaba reflejado en una libreta en la cual "CASERO", anotaba y dibujaba instrucciones, esquemas, etc. al objeto de adiestrar luego él al resto del comando.

Una vez acabado el cursillo" TXOMIN" le despidió. Le dijo cuándo y dónde sería la entrega de "material". Esto se realizaba de forma habitual un sábado a primera hora de la noche. Tenían instrucciones de pasar a buscar los bultos entre una hora concreta y quince minutos después, debiendo cargar todo lo más rápido posible y salir de la zona. El que se lo había dejado allí (un pasador) volvería a ese punto como mucho a la media hora de la cita fijada, para comprobar que todo había sido recogido, y caso de no ser así, se lo volvía a llevar; es decir, no debían fallar con la hora tanto para hacerse con el equipo como para no cruzarse con el pasador, y en caso de detención no poder dar dato alguno sobre él.

Por último le preguntó qué nombre habían decidido para el talde o comando respondiéndole "CASERO" que serían el "Comando ARANA" en honor al padre del nacionalismo vasco. "TXOMIN" le miró un poco de lado como si pensara de dónde hemos sacado a estos elementos, pero en fin, debió pensar, con estos bueyes nos ha tocado…

El armamento les sería entregado en una revuelta de la pista que existe entre Urnieta y Lasarte. Eso sería un sábado a las 21,30 horas, y debían abandonar el lugar antes de las 22,00 horas. Junto con el material le harían llegar su libreta con las anotaciones tomadas, para que pudiese dar sus "*master class*".

La primera entrega consistió en un rifle de asalto FAL, un subfusil STEN, y cuatro pistolas, dos Browning y dos Firebird y munición a porrillo para todas ellas.

Igualmente le marcó una cita con otros dos militantes de la zona integrantes de un "comando de información", que se dedicaban a confeccionar informaciones sobre potenciales objetivos para que pudiesen "estrenarse" cuanto antes.

Sus últimas instrucciones versaron sobre la libertad que tenían para atacar objetivos como "maderos", "pikoletos" y militares que no fueran soldados rasos, salvo que, para llegar a un objetivo mayor fuese ineludible que alguno cayese. Fuera de ellos tenían que pedir autorización a la Dirección. Sus notas para el "ARANA" irían firmadas con el consabido "AURRERA BOLIE" (adelante con la pelota), una reminiscencia de su época futbolera en Mondragón, donde había sido portero. Sentimental que era el muy cabronazo.

Por no hacer ya más pesado el "entremés", vayamos ya con el primer acto de la obra. Con todo preparado, deciden iniciar su carrera asesina. Optaron por que sus primeros objetivos (víctimas) fuesen guardias civiles del Cuartel de Andoaín (Guipúzcoa).

03 Febrero 1979.

Tras robar un coche a punta de pistola, un Peugeot 504 y dejar atado a su dueño a un árbol en una zona por la que no pasaba casi nadie, advertirle que no diese ningún aviso caso de soltarse antes de una determinada hora, y quedarse con su

DNI para que el conductor supiese que podrían ir contra él caso de no seguir sus instrucciones, los cuatro jinetes del Apocalipsis del "ARANA" se dirigen a Andoaín. Antes habían pasado por el zulo para tomar una pistola cada uno, un subfusil y un rifle de asalto.

Habían preparado la acción varios días antes simplemente dando pasadas con un coche por delante del Cuartel, viendo a qué hora y en qué momento podían "cazar" a los guardias con el menor riesgo para ellos, así como estableciendo qué lugares ocuparía cada uno y por dónde se darían a la fuga, cosa nada difícil ya que esta localidad está junto a la carretera general y tiene diversas rutas interiores que podían llevarles a diferentes localidades.

Ya oscurecido (era invierno), tres de ellos se apostaron en diferentes puntos frente al Cuartel. Poco antes de las veinte horas, observan a un grupo de guardias civiles que se encuentran charlando frente a la puerta.

Dicho y hecho. Abren fuego con un subfusil STEN (arma inglesa, muy usada en la II Guerra Mundial, sencilla pero muy segura y fiable) y un FAL-4 (belga, similar al CETME español como ya había dicho), hiriendo a varios de ellos. A consecuencia de las heridas, moriría el **Guardia Don José DÍAZ PÉREZ**, de 25 años. Tras dejar de disparar, huyen en el coche donde les esperaba el cuarto integrante del Comando. Sus primeros comentarios fueron de la guisa: "Bah, es como tirar patos en las casetas de feria", "acabaremos con estos bastardos españoles".

Nunca se condenó a nadie.

Como dice cierta leyenda o no de la Edad Media en la Alpujarra Granadina, no es así exactamente, pero para el caso me permitirán la licencia, "cuatro eran cuatro las hijas de Elena, cuatro eran cuatro y ninguna era buena".

Tras llegar al pueblo se separaron por parejas, y como todavía era temprano, pues oyes, a tomar unos potes y celebrarlo. No todo iba a ser asesinar. "CASERO" les citó una de las máximas de Sabino ARANA: *"...queremos los vascos mandar en nuestra casa. El pueblo español cuya inmunda planta nos aplasta, nos corrompe y envilece..."**

Un hombre joven muerto y otro más herido de gravedad.

Entre el pueblo vasco al enterarse del crimen, el famoso sambenito de por aquel entonces, **"algo habrá hecho".** Difícilmente el fallecido podía "haber hecho algo" más allá de lucir el uniforme de la Guardia Civil, ya que había llegado a su destino hacía escasos dos meses.

Foto entrada del Cuartel, con numerosos impactos de bala

---

* Díaz Herrera J; Durán Doussinague I: Arzalluz. La dictadura del miedo. Ed. Planeta, 2001

07 ABRIL 1979. *Dos meses y cuatro días después.*

Mismo "modus operandi". Esta vez el coche robado fue un taxi.

Se sabía que las Compañías de Reserva General (gloriosas antecesoras de la Unidades de Intervención Policial actuales denominados habitualmente los antidisturbios) de la Policía Nacional, tenían su base en los cuarteles del barrio de Loyola de San Sebastián y que para acceder a los mismos había que cruzar un puente sobre el río Urumea.

Era habitual que sus integrantes salieran a tomar algo, a comer o cenar, por las inmediaciones siempre de paisano, pero por narices tenían que cruzar el puente lo que les hacía fácilmente "marcables". Esta información les llegó al talde vía Francia; es decir, algún colaborador o algún comando de información la había pasado. No es que sirva de mucho pero el responsable por entonces de los comandos de información era un veterano miembro de ETA que formaba parte de la dirección de la banda, José Luis ANSOLA LARRAÑAGA "PEIO EL VIEJO".

Tras verificar que esto era cierto durante varios días anteriores pasando cada uno de ellos por diferentes puntos del barrio donostiarra de Loyola, decidieron ejecutar la acción. Y así les cazaron, cuando regresaban hacia el cuartel tras haber cenado los siguientes integrantes de la 5ª Compañía de Reserva General: el **Sargento Don Ginés PUJANTE GARCÍA**, de 41 años., el **Cabo 1º Don Miguel ORENES GUILLAMON**, de 29 años, y el **Cabo Don Juan Bautista PERALTA MONTOYA**, de 30 años.

En la calle Sierra de Aralar, pegada al río, nuestro protagonista y sus colegas se acercaron en el taxi robado. A corta distancia abrieron fuego con la STEN y el FAL, siendo rematados en el suelo a tiro de pistola. Tres balazos recibió el sargento, nueve el cabo 1º y cuatro el cabo.

Según huían en dirección Astigarraga, las risas nerviosas eran las que se oían dentro del coche, similar a las de las carroñeras hienas (con perdón para los animales de la sabana africana). Fueron haciendo comentarios de la guisa: "¿Has visto cómo bailaban cuando les dábamos?".

Los tres fallecidos, los tres asesinados, habían llegado el día anterior desde su base en Murcia.

De nuevo, clase pedagógica de "CASERO" recordando a Sabino: *"Los españoles y los vascos españolistas, tales son los enemigos de mi patria"*

¿El pueblo vasco al enterarse del atroz hecho? Ya saben; **"algo habrán hecho".**

Habían llegado el viernes a la capital guipuzcoana

TRES POLICIAS NACIONALES, ASESINADOS EN SAN SEBASTIAN

• FUERON AMETRALLADOS CUANDO SE DIRIGIAN DE PAISANO AL CUARTEL DE LOYOLA

Foto lugar de los hechos con los cadáveres de los Policías.

28 JULIO 1979. *Tres meses y veintiún días después.*

Sábado noche. Cuartel de la Guardia Civil en el barrio de Herrera de San Sebastián.

El **Guardia Don Antonio PASTOR CORDERO**, de 24 años, recién llegado a Donosti presta su primer servicio. Era el encargado de la puerta del Cuartel.

Dado que la noche se prestaba a ello por ser verano, dos compañeros se encontraban con él charlando o echando un cigarro (en aquellos años lo de fumar no era pecado como ahora). Uno de ellos era el **Brigada Don Moisés CORDERO LÓPEZ**, de 51 años.

Los chicos del "ARANA" tras el habitual robo de coche a punta de pistola, se disponen a una nueva ekintza (acción). Al llegar el coche a la altura de los guardias (al que ideó la ubicación de muchos acuartelamientos habría que colgarlo de los pelendengues) y a través de las ventanillas bajadas, tras reducir la marcha, abrieron fuego graneado sobre ellos alcanzando a los tres que allí estaban. Los dos reseñados murieron al recibir media docena de impactos cada uno; uno lo hizo esa misma noche y el otro al día siguiente. El brigada llevaba menos de un mes allí destinado, y el guardia dos días, siendo éste su primer y por desgracia último servicio.

Acelerando abandonaron el lugar. "Oye, coser y cantar" dijo uno. Tras abandonar el coche en el barrio donostiarra de Alza y tomar el suyo, vuelta a su localidad.

Es sábado, verano, y nadie les impide celebrar su heroicidad. Unos pintxos, unos bocatas, unos vinos, y para rematar unos cacharros (vulgo, cubatas). Y es que claro, qué les vamos a decir, no todo va a ser asesinar por la "gloriosa" independencia de su tierra.

De los fallecidos, ya saben, **"algo habrán hecho".** Y como dijo Sabino ARANA, y "CASERO" recordó: *"No hay tal vez bizkaino de pura raza que en el fondo no simpatice con la doctrina separatista".** *

Cuartel del barrio de Herrera, poco después del atentado

Es evidente que tras esta racha difícilmente igualable por otros taldes o comandos legales de la banda terrorista, debían ir a rendir cuentas. Pasan a Francia para tener una nueva cita con el "señor" "TXOMIN".

---

* De su alma y de su pluma. Antología. Ed. PNV con motivo del primer Aberri eguna.1932

Este se muestra exultante con ellos. Les indica (eso era ordenar) que se tomen un buen periodo de relax para evitar que "tanto trabajo" y tan seguido deje rastro y ponga a la "txakurrada" (Policía y Guardia Civil) tras ellos.

Así que nada, a aprovechar el tiempo. Hay que confirmar nuevas informaciones, hay que recibir más material, en especial munición que se gasta muy rápido.

Ah, es que sólo les estoy relatando las acciones que acabaron con la pérdida de vidas pero hicieron otras. En mayo de ese año 1979, habían repetido la ekintza contra el Cuartel de la Guardia Civil de Andoaín, ametrallándolo nuevamente (ya se sabe que los asesinos suelen volver al lugar de sus fechorías). Esta vez sólo gastaron munición sin alcanzar a ningún miembro del Instituto Armado.

El cabreo de "CASERO" debió de ser de los que hacen época. Seguro que llamó "malditos inútiles" a sus colegas del "ARANA".

16 MAYO 1980. *Casi diez meses después.*

Una vez ya descansados, "los chicos" decidieron que su próxima llamada a la gloria sería en Goizueta (Navarra). Goizueta es una pequeña localidad limítrofe con Guipúzcoa. Existe una carretera que une directamente, sin muchos kilómetros de por medio, Goizueta con Hernani.

Se la conoce por ser la patria chica del jugador de la Real Sociedad y del Barcelona, José Mari Baquero (él lo pone con K, yo como me sale de ahí) además de serlo también de algún que otro pelotari famoso por aquellos lares, pero poco conocidos a nivel nacional (nacional de España, la única Nación que existe junto con Portugal y Andorra en la Península Ibérica).

En un bar de esa localidad, el bar "Huici", era muy habitual que fueran a comer o cenar los guardias civiles destinados en el acuartelamiento allí situado, que distaba del bar no más de setenta metros.

Para esta ekintza el "ARANA" decidió que les acompañaran los dos elementos del comando de información para que se fueran fogueando.

Esa tarde ya avanzada; roban una furgoneta DKW de reparto de Matutano a punta de pistola, dejando a su dueño atado a un árbol en zona boscosa. Llegan a Goizueta sobre las nueve de la noche.

Según una niña, una persona se quedó al volante bajando otros cinco encapuchados portando todos ellos las armas de forma visible. Dos integrantes del comando se quedan con los subfusiles cubriendo la parte de atrás ya que es la dirección en que se encuentra el Cuartel. Otro vigila la entrada principal e inmediaciones, y los dos restantes entran al bar, que está bastante concurrido al ser viernes noche. Incluso la niña pequeña de los propietarios anda revoloteando entre las mesas.

En un rincón terminando ya de cenar, se encuentran dos guardias civiles. El **Cabo Don Francisco RUÍZ FERNÁNDEZ,** 26 años, y el **Guardia Don Francisco PUIG MESTRE** de 31 años.

El cabo estaba de espaldas a los asesinos, recibiendo unos diez balazos que acabaron con su vida al instante. Su compañero "sólo" recibió dos, uno mortal en el cuello. No recibió más ya que al ser alcanzado cayó debajo de la mesa.

Tras la hombrada los "gudaris" se dirigieron a la furgoneta. Al parecer un buen samaritano intentó correr hacia el Cuartel para dar aviso, pero uno de los encapuchados le paró en seco advirtiéndole: "Quietecito o te frío".

"CASERO" aún estando contento comentó: "Lástima, sólo dos *pikos*, podrían haber estado tres o cuatro".

En relación al ciudadano que había intentado ir hacia el Cuartel de la Guardia Civil, "CASERO" dijo que venían al pelo las palabras de Sabino: *"...el vasco degenera en carácter si se junta con españoles"*

Hay alguna foto de prensa en que se puede apreciar ensangrentado al cabo, ya muerto en la mesa del bar.

Pero...ya saben, **"algo habrán hecho".**

En 2006 la Audiencia Nacional archivó este caso con el argumento de que "aunque no era discutible la implicación del Comando (aquí diremos ARANA) era imposible determinar el nivel de participación de sus integrantes".

Hombre, no soy licenciado en Derecho pero digo yo que si se sabe quiénes son los integrantes del comando, qué más dará quién se quedó en la puerta delantera, quién en la trasera y qué dos entraron a pegar los tiros. No lo entiendo y dudo mucho que las familias de estas víctimas puedan hacerlo.

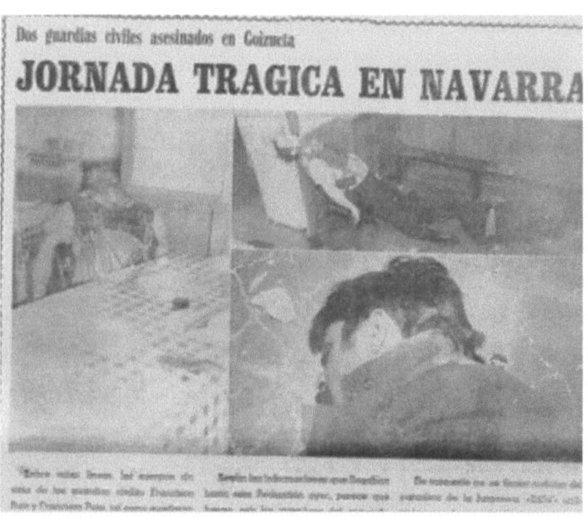

Dos guardias civiles asesinados en Goizueta

JORNADA TRAGICA EN NAVARRA

Fotografía del lugar de los hechos con los dos cuerpos tal y como quedaron.

Hasta aquí llegaron las andanzas criminales del "ARANA".

Al día siguiente o poco después, los dos agregados del comando de información fueron detenidos por la Policía lo que originó que los cuatro del comando armado pusieran pies en polvorosa; vamos, que huyeron a Francia.

Eso de huir no crean que por aquel entonces era algo muy difícil, ya que además de los puestos fronterizos oficiales habilitados existían múltiples pasos de muga (frontera) muy conocidos por ser utilizados por contrabandistas desde tiempos inmemoriales, generalmente por la zona Navarro-Francesa.

Una vez allí, en aquellos años 80 y como ya he comentado, los etarras vivían como auténticos colegas de políticos y policías franceses hasta el punto de que muchos de ellos figuraban con nombre y apellidos en la guía telefónica.

Como anécdota, recuerdo que el responsable del Aparato Financiero de ETA, Carlos IBARGUREN AGUIRRE, "NERVIOS" así lo hacía. Aprovechamos ese dato para en Navidades llamarle y darle nuestra felicitación desde el teléfono del despacho del Grupo I de la Brigada de San Sebastián, deseándole como no puede ser de otra manera, "larga vida" (si lees esto tú te acordarás bien, ¿verdad "RIBERA"?).

Esto fue así hasta bien avanzado 1983, en que la acción de los GAL les obligó a vivir como lo que eran, cucarachas.

Algo, aunque fuera poco, reconózcanme que tuvo bueno el GAL. Para los policías y guardias que vivíamos allí, desde luego fue bastante positiva su acción, aunque sólo fuera por esto. Dejando a un lado los aspectos legales, sociológicos, religiosos, humanistas, y todo lo que ustedes quieran.

Cuando la Policía francesa por aquel entonces detenía a alguno de los integrantes de la banda de asesinos, ¿qué creen que pasaba? ¿Calabozo? ¿Prisión? ¿Entrega a España? No señor, nada de eso. Unos txikitos que paga la Organización y la Policía francesa se dedica a mirar para otro lado, eso sí, cantando La Madelon.

Vaya otra anécdota de quien esto escribe, ya que como dinosaurio de la lucha anti ETA las tengo muchas y variadas, aunque la inmensa mayoría no pueden ni deben ser contadas. Aprovecho la ocasión para recordar que está publicado un libro, no de grandes dimensiones, escrito por mis amigos el periodista Pablo MUÑOZ y el Inspector de Policía Antonio SALA, *"Como luché contra ETA"*, de la editorial ALMUZARA, sobre mis vivencias en treinta años en el País Vasco como Inspector, Inspector Jefe, Comisario, y Jefe Superior de aquella zona de España.

Pues bien, ya en los primeros años noventa empezábamos a tener relación con algunos policías franceses, muchas veces sin que lo supiera nuestra Comisaría General. En una cena con viejas glorias de la Policía Judicial de Francia, uno de ellos me comentó (ya con algún pacharán que otro en el coleto) que él había estado de caza con "APALA" (etarra Miguel Ángel APALATEGUI AYERBE, hoy todavía sin rendir cuentas ante la justicia y residiendo cómodamente en Cuba a pesar de tener al menos tres asesinatos a sus espaldas), y que era un tío cojonudo. Lo suyo habría sido darle un revés en los dientes, pero dado que uno no bebe alcohol, el otro estaba bastante cargadito, y que lo que nos interesaba era que nos ayudaran, te guardas las ganas y pones cara de gilipollas.

Los etarras vivían tan ricamente en San Juan de Luz, Hendaya, Bayona, Ciboure, Anglet...

¿Ven lo que decía de los GAL? Y es que no hay rosas sin espinas. Sí, ya sé que todo era tema de política, de diplomacia, etc., pero a los que nos quedábamos en aquella tierra viviendo con nuestras familias, no sé cómo decirlo finamente, esa diplomacia nos sudaba los cojones. No sé si me entienden.

Sigamos. Nuestros protagonistas, bien tenían ya un sitio prefijado al que acudir, bien siempre les quedaba el recurso de acudir a la localidad de San Juan de Luz donde se encontraba (supongo que hoy día seguirá estando), la sociedad ANAI-ARTEA.

Esta sociedad fue creada unas décadas antes (creo que fue él uno de los fundadores) por el desecho humano de Telésforo MONZÓN, gran adalid de ETA, y que bastante tuvo que ver con ciertas muertes, como la de los tres gallegos desaparecidos en 1973 (recomiendo encarecidamente la novela-relato *"Una Tumba en el Aire" de Adolfo GARCÍA ORTEGA, editorial Galaxia-Gütemberg).*

Anai-Artea funcionaba y no lo ocultaban, como un lugar de encuentro y reunión de "etarras descarriados". Hubo un tiempo que se encargaba de la misma José Ramón LOPEZ DE ABECHUCO LIQUINIANO. Les sonará el nombre porque hoy día es conferenciante en Universidades (señal inequívoca de que este país se hunde). En aquella época, cuando no pasaba a España a ver si mataba algún que otro españolito, se encargaba de acoger y distribuir correctamente a las ovejas perdidas.

Si ven sus fotos recientes, verán hoy a un sujeto demacrado por las enfermedades (se me caen las lágrimas); en cambio por aquel entonces, era bastante orondo hasta el punto de tener que ponerse a régimen cuando le iba a tocar entrar en España. Lo que es la vida, ¿eh Joserra? Él, demacrado o no (por mucho que haya cumplido su condena) por ahí anda y dando conferencias, mientras que sus víctimas están bastante peor, bajo tierra...

Bien, el caso es que el "ARANA" consiguió volver a estar con "TXOMIN". Incluso, parece que devolvieron las armas ya que se las llevaron con ellos.

Les preguntó qué camino querían seguir. "CASERO, TXIKI y BELTZA" decidieron seguir adelante, seguir matando. Le habían tomado gustillo a la cosa. Además, ¿qué iban a hacer si no? Pues nada, a matar se ha dicho.

"TXOMIN" les pasó con el responsable de los comandos ilegales (denominados "liberados") de la época, Juan Lorenzo LASA MICHELENA, "TXIKIERDI" (también hoy día en libertad). Este les separó y tras nuevos cursillos ("CASERO" no necesitaba mucho más que saber) quedaron él y "TXIKI" encuadrados en un comando de liberados que actuaría en la zona sur de Guipúzcoa, junto con otros etarras también liberados, aunque todos de un perfil mucho más bajo que nuestro protagonista.

"CASERO" obviamente es nombrado responsable del Comando.

No es que tenga mucha importancia y no les quiero aburrir con esto, pero a diferencia de los "legales" que eran desconocidos para las Fuerzas de Seguridad y por tanto hacían vida normal en sus casas, los "liberados" eran elementos que vivían por y para la organización, que les daba sustento y alojamiento cuando estaban en el sur de Francia, incluido dinero en efectivo para sus gastos. Y cuando pasaban al interior de España para actuar se alojaban en domicilios de colaboradores, siendo lo normal tener un mínimo de dos pisos por talde para ir cambiando y poner más difícil las cosas a la Policía y a la Guardia Civil, que ya les conocían.

Estos colaboradores o "*laguntzailes*" también se encargaban de trasladarlos y pasarles cualquier tipo de información para que los otros actuasen.

PARTE SEGUNDA.

"COMANDO LIBERADOS I".

(1980-1981)

20 SEPTIEMBRE 1980. *Cuatro meses y cuatro días después.*

A escasos doscientos metros del cuartel de la Guardia Civil de Marquina (Vizcaya) se encontraba el bar "ARRIETA", sitio habitual al que acudían los guardias a comer.

Ese fatídico día fueron allí los guardias civiles, **Don Antonio GARCÍA ARGENTE,** 20 años, **Don Mariano GONZÁLEZ HUERGO,** 25 años, **Don Miguel HERNÁNDEZ ESPIGARES,** 23 años, y **Don Alfonso MARTÍNEZ BELLAS,** de 22 años.

Lo habitual. Roban un coche a punta de pistola y con él se acercan a Marquina (Vizcaya). No va con ellos uno de los nuevos fichajes, ya que se ve que era bastante torpón. Se había herido al limpiar su propia pistola. Asesino sí, pero inútil también.

Sobre las dos horas y cuarenta minutos de la tarde llaman tres de ellos a la puerta de atrás del bar y, al abrirles pensando que eran clientes, se dirigen rápidamente a la mesa donde se encuentran los cuatro guardias abriendo fuego con subfusiles. Dado que ya eran "liberados", la "*creme* de la *creme*", las STEN habían sido sustituidas por los subfusiles franceses MAT de los cuales y, tras los fracasos de Francia en Indochina y Argelia, había numeroso excedente en el mercado negro.

Tras acribillarlos con veinte impactos y dejarlos ya sin vida, huyeron sin correr hacia el coche robado, un Fiat 1430 donde les esperaba el cuarto integrante del Comando.

Dado que llevaba tiempo sin hacer sus reflexiones, "CASERO" aprovechó para soltar: *"...Entre las muchas desgracias que afligen a nuestro patria, ninguna tan terrible como el que se junten sus hijos con los españoles..."*

Qué pensó la gente? Ya saben, **"algo habrán hecho"**

Cuatro guardias civiles asesinados mientras almorzaban en un bar de Marquina (Vizcaya)

★ El comando, compuesto por cuatro personas, utilizó un coche robado a punta de pistola

★ El director de la Guardia Civil asistirá a los funerales, que se celebrarán hoy

Foto del interior del bar, con sangre de los Guardias Civiles en el suelo.

03 OCTUBRE 1980. *Trece días después.*

Ese día era el posterior al Patrón de la Policía, El Santo Ángel de La Guarda o como dicen ahora, Los Santos Ángeles Custodios. "CASERO" dijo que había que unirse a la celebración. Y vive Dios que lo hizo.

Sobre la una y media del mediodía abandonaron el Ayuntamiento de Durango (Vizcaya), donde habían hecho gestiones propias del DNI rural, los miembros del **Cuerpo General de Policía Subcomisario Don Sergio CANAL CANAL, de** 56 años, y el **Inspector Don José Antonio MERENCIANO RUIZ,** de 25. Se dirigieron al coche oficial que era camuflado, donde les esperaba el **Policía Nacional Don Jesús HERNANDO ORTEGA,** de 44 años. Iban a regresar a su base de Bilbao.

Al transitar para salir de la localidad, tuvieron que parar en un semáforo en rojo en un extremo de un puente. A ambos lados del mismo, donde estaba dicho semáforo, esperaban cuatro asesinos del comando. Ametrallaron el coche desde ambos lados.

El conductor, herido mortalmente, no controló el coche que se movió una decena de metros adelante. Es en ese momento cuando uno de los cuatro asesinos se acercó al vehículo para rematar de un tiro en la cabeza a, al menos, dos de los ocupantes. "CASERO" era así. El automóvil recibió no menos de treinta y seis balazos. Los tres servidores del Estado allí mismo murieron, vilmente asesinados.

Para variar, no hay constancia "oficial" de quienes fueron los autores que, como siempre, habían robado un coche a punta de pistola.

Pero reflexionemos. Una acción de este calado a plena luz del día y a cara descubierta, en horas en que los "legales" no pueden actuar al estar trabajando o estudiando (de esto pocos); ese utilizar varios subfusiles y que haya uno de ellos que luego se acerque a rematar a las víctimas… huele a "liberados". ¿Y qué comando de liberados tenía esa zona de actuación? El de nuestro protagonista ¿Y quién demostraba y había ya demostrado esa sed de sangre criminal? Nuestro "amigo" "CASERO".

¿Y qué comentaba la gente de la zona sobre los tres fallecidos? Efectivamente, **"algo habrán hecho".**

Tres policías, asesinados

Fotos del lugar de los hechos, y tal y como quedó el coche de los Policías.

07 OCTUBRE 1980. *Cuatro días después.*

Don Carlos GARCÍA FERNÁNDEZ, de 65 años, se encontraba junto a su esposa y una joven en el estanco de su propiedad situado en la calle Amaña de Eibar (Guipúzcoa). Estaba instruyendo a la joven sobre las peculiaridades del negocio ya que se lo había traspasado. Él, ya jubilado, quería abandonar Vascongadas.

Eran casi las ocho de la mañana cuando "CASERO y TXIKI" entraron en el establecimiento , sin mediar palabra (tampoco hacía falta ante tan peligroso "enemigo"), le pegaron un tiro en la cara que le atravesó la cabeza y otro más por si acaso (ya se sabe que los españoles son durillos) en el pecho. Tras finalizar esta obra magna, abandonaron el local y se alejaron tranquilamente.

Suma y sigue. Le vino a "CASERO" otra "lindez" del patriarca nacionalista:"*...Ya sabéis euskaldunes, para amar el euskera, tenéis que odiar a España"*

La gente comentaría, ya saben, **"algo habrá hecho".**

Por cierto, la hija del estanquero al enterarse del asesinato de su padre, salió de su domicilio allí en Eibar. Se encontró con algunas personas de bien que le dieron el pésame, pero también se cruzó con una antigua vecina, quien le dijo:

"Mira, lo siento por tu madre y por ti...

Gracias.

Pero por tu padre, no".

Carlos García Fernández, de 55 años, casado y con cinco hijos, resultó muerto en atentado perpetrado en la mañana de ayer por dos individuos que le dispararon a bocajarro en el estanco que regentaba en Eibar. El señor García Fernández se encontraba en el establecimiento junto con su mujer y una joven.

Foto del lugar de los hechos, con la víctima todavía presente

06 NOVIEMBRE 1980. *Un mes después.*

Eran las 22,15 horas. El **Policía Nacional Don José LISALDE RAMOS**, 27 años, y su amigo **Don Sotero MAZO FIGUEROA** de 35 años y peluquero de profesión con un establecimiento en Ermua (Vizcaya), se encontraban cerca del domicilio del policía en las inmediaciones de la Avenida Iparraguirre de Eibar. Estaban dentro del coche, charlando de sus cosas.

Tres del comando se les acercaron y les dispararon a quemarropa matándolos en el acto.

La verdad es que tuvieron muy mala suerte, ya que el objetivo real de los asesinos eran un grupo de policías nacionales que deberían haber ido al cine Coliseo de Eibar, pero no los localizaron. Al retirarse vieron el coche, y como lo tenían en su lista de objetivos a por él que se fueron. El que estaba con el policía debía serlo también, así que abrieron fuego sobre los dos. ETA, en su reivindicación en la basura del Egin, dijo que el señor MAZO era un conocido confidente policial. Una forma como otra cualquiera de ocultar su sangriento error.

Los asesinos se marcharon andando tranquilamente.

Los tres eran "CASERO", "TXIKI" y uno de los pelusos (nuevo, en argot de la mili que hoy día ya no existe)

Otras dos muescas para la culata de "CASERO", quien como no, recordó aquello dicho por Sabino ARANA: *"...no tener ningún punto de contacto con la raza española...la raza más vil y despreciable de Europa..."*

¿Adivinan qué comentó la gente de Vascongadas? Premio; sin dudarlo, **"algo habrán hecho".**

Sotero MAZO era de Ermua, al igual que Miguel Ángel BLANCO. Pero si la sociedad actual no sabe ya quien era el segundo, como para recordar al primero.

Un policía y un peluquero asesinados anoche en Eibar

Foto del Policía (al volante) y de su amigo peluquero tras ser asesinados

15 NOVIEMBRE 1980. *Nueve días después.*

Eibar. Todavía no había amanecido. Poco después de las seis y tras hacer el relevo en la fábrica de armas STAR, se dirigían hacia su Cuartel dos Land Rover de la Guardia Civil. Obviamente sin blindaje alguno. Esas cosas eran para políticos, jueces de postín, y altos mandos del Ejército e Interior.

Desde una posición elevada, los apuestos y dicharacheros criminales hijos de perra, cuatro etarras,"TXIKI" y los otros tres novatos, con la inexcusable dirección de "CASERO", abrieron fuego graneado sobre los dos vehículos, arrojando también dos granadas de mano caseras (que con el tiempo fueron denominadas "marca ETA") que no explosionaron.

El conductor de uno de los dos Land Rover de la Benemérita, el **Guardia Civil Don Juan GARCÍA LEÓN,** de 21 años, recibió más de diez impactos que le causaron la muerte. Otros compañeros también resultaron heridos, pero afortunadamente sobrevivieron.

La piara huyó del lugar en una moto y un coche que, como ya era habitual, habían robado a punta de pistola.

La bronca de "CASERO" a los suyos debió de ser de órdago a la grande, ya que mucho ruido y gasto de munición para lograr sólo darle "matarile" a un "pikolo" de ocho que iban en el convoy.

Ese "pikolo" era un joven de 21 años que estaba saliendo con una joven de Elgóibar, pero para la inmensa mayoría de la sociedad vasca de entonces, unos por cobardía y otros por necesitar creerlo, era alguien que **"algo habrá hecho".**

Como hubo cabreo de "CASERO", ni frase de Sabino ARANA ni de otro loco cualquiera.

EIBAR: UN GUARDIA CIVIL ASESINADO Y DOS HERIDOS

★ El atentado se llevó a cabo con armas largas y granadas de mano

FINALIZO
INTERNA

Fotografía del lugar de la emboscada.
Arriba, el Guardia Civil asesinado

Tras esta última hazaña, y como al parecer no debían de disponer de mucha guita para bien comer y mejor beber en especial cuando tenían que celebrar sus "ejecuciones", se marcaron un atraco a una sucursal del Banco Central de Vergara (Guipúzcoa), obteniendo un botín de 600.000 pesetas. Como no, "CASERO" allá que se fue. No perdía oportunidad de tirar de "pipa" (vulgo, pistola).

Además de este choriceo, intentaron atentar contra policías nacionales de la Comisaría de Eibar, pero los muy ladinos no se presentaron donde él les esperaba. ¡Hay que joderse con la poca formalidad de los "txakurras" aquellos!

Tenían que regresar a casa (sur de Francia) por Navidad, como el turrón. Pero entre que últimamente solo se habían "picado" (matado, asesinado) a un guardia de siete posibles, que tenía que haberse hecho pasar por un vulgar chorizo atracador, y que lo de los "txakurras" no salió bien, "CASERO" se cabreó como un mono.

A grandes males... Así que les dijo a dos de los suyos que si querían marisco y mazapán, tenían que salir y "picarse" a alguien ellos solitos.

Un *"laguntzaile"* (colaborador) les pasó un objetivo. Por si acaso "CASERO", que no tenía mucha confianza en los suyos a excepción de "TXIKI" les explicó de forma clarita, como para deficientes mentales (al fin y al cabo, algo de eso tenían, seguro) cómo debían de hacerlo para no cagarla.

Pues nada, a dejar contento a papi.

11 DICIEMBRE 1980. *Veintisiete días después.*

El **Inspector del Cuerpo General de Policía Don José Javier MORENO CASTRO**, de 27 años de edad, estaba como solía hacer frecuentemente, sentado en un taburete del Bar BIKINI de Eibar hablando con su novia (que era vasca por cierto).

Allí entraron los dos "meritorios", y sin mediar palabra le pegaron dos tiros en la cabeza, cayendo al suelo muerto en el acto. Su novia sólo pudo tomar su mano cuando ya había abandonado éste mundo.

La foto de él sangrando en el suelo y ella a su lado, salió en prensa, lo que hizo recordar a "CASERO" otra "gloriosa" sentencia de Sabino: *"El roce de nuestro pueblo con el español causa inmediata e irremediablemente en nuestra raza ignorancia, extravío de inteligencia, debilidad y corrupción de corazón..."*

La chica, seguro que sí, sería de las que no pensase: **"Algo habrá hecho"-**

Una vez satisfecho el "Comando-buru" **"**CASERO", regresó a casa para pasar unas merecidas vacaciones.

Cuando se encontraba con su novia en una cafetería

Eibar: Policía asesinado ayer

El cuerpo sin vida de Javier Moreno, mientras su novia le sostiene una mano. (Foto Javier.)

Fotografía del Policía asesinado y su novia tomándole la mano

En Abril de 1981 vuelve a entrar en España, pero uno de los suyos tuvo un encontronazo con la Guardia Civil. Él y casi todos los integrantes del comando, ilegales todos, y varios de sus legales que les daban apoyo se "dieron el piro" (fugaron) a Francia, ya que fue un susto de cojones.

El susto, como digo, debió de durarle bastante ya que hasta finales de ese mismo año, principios del siguiente, no volvió a "trabajar".

Dado que esa etapa quedaba cerrada, se integró en otro "comando" de la zona de Guipúzcoa. Éste se dividía en dos grupos (o taldes, ya saben). Cada talde cometía sus propias acciones, y para algunas otras se juntaban los dos grupos.

En concreto, ya en 1982, "CASERO" entra en España en compañía de otros dos liberados. Uno de ellos, "BESTIA", le acompañaría ya hasta el final de sus días, conformando uno de los dos taldes del Comando.

"TXIKI" pasó a realizar otras labores no muy diferentes, pero tenía ya mucha experiencia y se había ganado dirigir sus propias "*ekintzas*".

"BESTIA" era lo que su apodo indica. No sólo era fuerte físicamente desde su 1,80 metros de estatura, sino que además no tenía rastro de compasión o misericordia. Todo lo hacía como un animal. Comer, deporte, y por supuesto asesinar. Vamos, el compañero ideal de "CASERO". Estudios pocos, por no decir ninguno, así que miraba embobado a su colega que le recitaba de memoria leyendas y dichos euskaldunes.

Dado que por aquella época había muy pocas mujeres en ETA, y al fin y al cabo eran hombres (genéticamente me refiero), cuando la necesidad apretaba de firme eran de los de ir a puti-clubs de carretera, fuera de su zona de acción y llevando siempre algún "laguntzaile" por delante haciendo de "lanzadera" para detectar posibles controles de carretera de la Guardia Civil.

"CASERO" era muy suyo, y de su etapa anterior sólo lo hacía con "TXIKI". Ahora tenía otro colega del que se podía fiar.

PARTE TERCERA.

"COMANDO LIBERADOS II".

(1982-1984)

16 FEBRERO 1982. *Un año y dos meses después.*

A las siete de la tarde, al ser invierno ya había oscurecido, el **Guardia Civil Don José FRAGOSO MARTÍ,** de 35 años, regresaba a su casa en su Seat 127 desde su trabajo en el Puerto de Pasajes (Guipúzcoa).

Ya en Oyarzun (Guipúzcoa), cerca de su domicilio en el Barrio de Larzabal detuvo su vehículo. En ese momento los tres, "CASERO", "BESTIA" y el nuevo fichaje, se acercaron y abrieron fuego a través de la ventanilla del conductor, que era la que lógicamente él ocupaba. Alcanzado en la cabeza, murió en el acto. Los tres abandonaron la zona como siempre, en un vehículo robado a punta de pistola.

¿Adivinan quienes eran los tres? No hay que ser Einstein.

"CASERO" pensó: «Oye, no he perdido práctica en esto de disparar a la nuca o por la espalda». Y más feliz que una perdiz (piojosa) a darse un homenaje con una buena cena y un vinito de Rioja claro. Que en eso del vino no vamos a hacer racismo ni xenofobia.

No hace falta que les diga que la gente comentó: **"Algo habrá hecho".**

Fotografía del lugar de los hechos. Arriba el Guardia Civil asesinado

15 MARZO 1982. *Veintisiete días después.*

A las tres de la tarde el miembro de la **Guardia Civil, Cabo Don Modesto MARTÍN SANCHEZ,** de 41 años, y destinado igual que la anterior víctima en el Puerto de Pasajes, se dirigió a su vehículo Seat 124 aparcado cerca de su domicilio, en el Barrio de Beraún de Rentería (Guipúzcoa). Iba acompañado de su mujer, que estaba en avanzado estado de gestación, y de su hija de cinco años.

Su "perversa" intención era llevar a su retoño al colegio.

Una vez se montó en el coche, y antes de poder abrir la puerta al resto de su familia, el "gran" "CASERO" y su colega "BESTIA", se colocaron uno delante del vehículo y otro junto a la puerta del conductor. Abrieron fuego sin prisa, pero sin pausa. Al menos tres balazos alcanzaron al cabo, dos en el pecho y uno en la cabeza, ocasionándole la muerte en el acto.

La esposa, a pesar de su estado de embarazo, intentó agarrar a uno de los asesinos, quien la apartó diciéndole "contigo no va nada de esto". Tras los disparos se alejaron tranquilamente andando, sin correr.

Todavía me parece escuchar a "CASERO" diciéndole a "BESTIA": Pero que nenaza eres. Si se ponen chulos o pesados se les da 'plomo' y en paz. Además, seguro que parirá a otro 'pikoleto'. Y ojo no haya nacido aquí ella, que de todo hay.

Le vino a la memoria lo dicho por Sabino ARANA: *"...Al norte de Marruecos hay un pueblo cuyos bailes son indecentes hasta la fetidez, y que al norte de este segundo pueblo, hay otro cuyas danzas nacionales son honestas y decorosas".*

Ah, hubo no menos de cincuenta testigos. Ninguno vio nada. Eso sí, seguro que más de uno y de dos comentaría **"algo habrá hecho".**

Cuando junto con su esposa se disponía
a llevar a una hija al médico

Asesinado un guardia civil ayer en Rentería

Fotografía del coche en el lugar de los hechos.
El Guardia Civil asesinado

30 MARZO 1982. *Quince días después.*

El jefe de Traumatología de la Residencia Nuestra Señora de Aránzazu de San Sebastián, **Don Ramiro CARASA PÉREZ**, de 38 años de edad, era acusado de haberse negado a ocultar la asistencia médica a un etarra herido en Vizcaya, tras un atentado en el que murieron asesinados dos Inspectores de Policía y la novia o pareja de uno de ellos, de nacionalidad argentina. Todo esto sucedió en el bar-restaurante RANCHO CHILENO de Sestao (Vizcaya) ocho días antes. El herido era uno de los liberados del "Comando Vizcaya".

El grupo de "CASERO" decidió dar cumplida respuesta a tamaña felonía.

Sobre las tres y media de la tarde, Ramiro Carasa tras salir de su trabajo en la Residencia se dirigió al parking descubierto adyacente al Centro Sanitario. Allí fue abordado por los etarras, quienes le introdujeron en el maletero de su propio coche y se lo llevaron a un monte de la localidad de Urnieta (Guipúzcoa).

Allí, tras atarle las manos a la espalda, se despacharon a gusto con él. Le rompieron el hueso orbital de uno de los ojos, amén de producirle otra fractura craneal. Para finalizar su heroicidad le pegaron cinco tiros, causándole la muerte.

¿Los autores? Fueron los dos taldes del Comando. Nuestro "prota" "CASERO" no iba a perderse algo así. El otro talde del Comando estaba compuesto por otros tres liberados, entre ellos el viejo amigo de los inicios de "CASERO", "BELTZA".

No hay que quedarse calvo pensando para saber que mucha gente comentó, al enterarse de este vil crimen, **"algo habrá hecho".**

Cadáver del médico tal y como quedó, torturado y asesinado.

14 SEPTIEMBRE 1982. *Cinco meses y medio después.*

Llevaban tiempo esperando para darles caza.

Es lo que hacen las bestias, las alimañas. Pero ellas al menos lo hacen para alimentarse. Estos no. Estos eran peores. Sólo buscaban sangre, matar, herir, oír los llantos de las familias de sus víctimas... Sí, reírse de todos ellos, beber hasta caer borrachos celebrando sus asquerosas acciones. Increíblemente, hoy ellos tienen poder. Nos quieren cambiar la historia cuando eso, afortunadamente es inamovible por mucho que sus enemigos políticos de entonces sean ahora meras marionetas que les ríen las gracias y les hacen concesiones sin fin.

Llegó ese día, y ese fatídico día sí que acudieron.

Todo el comando, los dos grupos, se reunieron para llevarla a cabo igual que habían hecho en la ekintza anterior. Tres policías nacionales de uniforme en un coche "Z", y otros dos de paisano en un vehículo "K" habían ido a almorzar a un caserío-bar (de los que hay muchos en Vascongadas) en la zona del Alto de Perurena, próxima a Rentería.

Una vez terminado el almuerzo, regresaban a su trabajo por una carretera típica de la zona; es decir, estrecha, con múltiple arbolado, setos, y curvas con contra curvas. En una de estas últimas, muy cerrada, tuvieron que aminorar la ya de por sí escasa velocidad de los vehículos para tomarla muy lentamente. Allí les alcanzaron. Eran cinco de los seis liberados del Comando. Estaban esperando emplazados en dos posiciones para que el fuego cruzado fuese más efectivo.

Los subfusiles entonaron su dramática melodía. Más de cien cartuchos volaron dirección a las dos patrullas policiales.

Los **policías nacionales Don Jesús ORDOÑEZ PÉREZ,** 25 años, y **Don Juan SERONERO SACRISTÁN,** de 35 años, murieron en el acto.

Los otros tres quedaron heridos, aunque el **Policía Nacional Don Alfonso LÓPEZ FERNÁNDEZ,** 29 años, moriría horas después.

Los otros dos policías aunque heridos, respondieron con sus armas reglamentarias (armas cortas, no de guerra, no sea que alguien se lleve las manos a la cabeza hoy día).

Uno de los dos, el **Policía Nacional Don Antonio CEDILLO TOSCANO,** 29 años, con más cojones que el caballo de Espartero (algo que los etarras ni tienen, ni saben lo que es) les siguió a pie aunque se desangraba disparando contra los cobardes que huían. Sólo pudo hacerlo durante algo menos de cien metros cayendo ya a la carretera como consecuencia de las heridas sufridas.

Pasaba por allí un vasco de buena cuna —sí, también los hay y yo he conocido a muchos de ellos— y, al ver el estado en que se encontraba el policía, lo recogió y le ayudó a subir a la cabina de su camioneta. El herido acertó a pedirle que por favor le llevara a un hospital. Inició la marcha.

Uno de los taldes (se habían separado para huir) se percató de todo lo anterior. Persiguieron a la camioneta en un R-12, obligándola a detenerse. Los tres sacaron a la víctima del vehículo, lo tiraron al suelo, y allí mismo le dispararon en la cabeza.

Como suele pasar las desgracias nunca vienen solas.

Toda esa tarde y noche los cadáveres de los cuatro fueron velados por familiares y compañeros en el Salón del Trono del Gobierno Civil de San Sebastián.

De recibir a familiares, preparar el traslado, que las autopsias estuvieran terminadas… Se encargó su jefe directo y amigo, el **Sargento de la Policía Nacional Don Julián CARMONA FERNÁNDEZ,** de 45 años.

La tensión pudo con él. En presencia del General ALCALÁ GALIANO, Director o Inspector General entonces de la Policía Nacional, el sargento sacó su arma y se pegó un tiro en la cabeza.

¿Fueron pues cuatro o cinco las víctimas del atentado?

Para los que hemos pasado noches como la que tuvo que pasar el sargento (y en el mismo sitio) lo tenemos muy claro. Fueron cinco. El Gobierno dudo que se lo reconociera siquiera como acto de servicio (si estoy equivocado no se me caerán los anillos por rectificar). Si a un político de le rompía la uña, fijo que indemnización al canto, con reconocimientos y fanfarrias diversas.

Tras todo esto, los cuatro cadáveres fueron sacados a prisa y en silencio hacia los coches fúnebres para dirigirse a la tierra de cada uno de ellos. Nada de actos oficiales. Eso sí, al ver pasar los coches mortuorios, alguien comentó, seguro, **"algo habrán hecho".**

SALVAJADA TERRORISTA

CUATRO policías nacionales muertos y un quinto gravemente herido es el trágico balance del salvaje atentado perpetrado a media mañana de ayer por un comando terrorista, en la carretera que conduce de San Sebastián a Rentería, a unos dos kilómetros y medio del caserío [illegible].

Los autores del criminal atentado se hallaban apostados a los bordes del camino, escondidos entre la vegetación, abriendo fuego cruzado al paso de los dos vehículos policiales, un Z y otro camuflado. No satisfechos con su acción, a un kilómetro del lugar de los hechos, y cuando el conductor de una furgoneta se aprestaba a socorrer a uno de los heridos, los miembros del comando remataron a éste en el suelo.

Las honras fúnebres se celebraron por la tarde en el Gobierno Civil de Guipúzcoa, asistiendo a la ceremonia el presidente del Gobierno, Leopoldo Calvo Sotelo, el lehendakari, Carlos Garaikoetxea, el ministro del Interior, Juan José Rosón, y autoridades civiles y militares. Posteriormente, los féretros con los cadáveres de los policías fueron trasladados a sus lugares de origen.

Páginas 5 y última

Fotografía de los vehículos policiales tras el atentado. Los cuatro Policías asesinados.

09 OCTUBRE 1982. *Veinticinco días después.*

Los dos taldes siguieron actuando juntos.

Digo yo que sería por aquello de que los cobardes cuando van en grupo sienten menos su falta de hombría y no hablemos de gallardía.

Ese día, el **Capitán retirado de la Guardia Civil, Don José JIMENEZ MAYORAL** de 67 años, salía de las oficinas de Behobia en Irún donde se expedía la famosa (para los que tenemos cierta edad) carta verde para los vehículos.

Dado que la paga por jubilación de policías y guardias civiles era tan cuantiosa, digo yo que se buscó "algo que hacer" por hobby o por afición.

Cerca de las siete de la tarde esperaba el autobús para regresar a casa. Dos de "nuestros chicos" se le acercaron y le descerrajaron dos tiros, en cabeza y tráquea respectivamente, que le causaron la muerte de inmediato. Ah, eso sí, lo hicieron por la espalda. Ya se sabe que un "pikoleto" aunque sea retirado, puede ser muy peligroso. No fuese a ser que el abuelo se revolviese.

Participaron cuatro terroristas. "CASERO" entre ellos. "BESTIA" no pudo ir. Estaría acatarrado. Pobre "BESTIA".

La víctima no debía estar sólo en la parada del bus, pero nadie vio nada.

Ya saben, **"algo habrá hecho".**

Dos jóvenes le dispararon a corta distancia cuando se dirigía a tomar el autobús

Asesinado en Behobia un capitán retirado de la Guardia Civil

Fotografía del lugar del asesinato.

19 NOVIEMBRE 1982. *Un mes y diez días después.*

Ese día tres jóvenes pintores iban en el coche de uno de ellos (un Seat 127) por la calle Beraun de Rentería. Era la una del mediodía.

Desde un R-12 dispararon a las ruedas del 127, inmovilizándolo. Otro del "comando" salió y roció de balas el coche de los pintores y, al huir, el etarra que iba sentado atrás (o uno de los dos que iban atrás) soltó otra ráfaga hacia el 127.

Los tres pintores resultaron heridos. Cinco días después, **Don Carlos PATIÑO CASANOVA,** de 29 años, fallecía a consecuencia de las heridas.

Está claro que los etarras, afortunadamente, no eran Wild Bill Hickok en cuanto a puntería. Salvo a un metro y por la espalda.

"BESTIA" seguía malito, así que también se lo perdió.

Obviamente confundieron a los pintores con miembros de las Fuerzas de Seguridad. Llevaban matrícula de Córdoba. Es muy probable que antes ese vehículo perteneciese a un guardia civil. ¿A quién se le ocurre comprarle nada, ni siquiera tener relación alguna con un "pikolo" o un "madero"? Si es que la gente va como va.

Supongo que una vez esclarecido el error (como si matar guardias o policías fuese un acierto) nadie diría esta vez (vamos, creo yo), **"algo habrá hecho".**

Dado que eran "maketos", no pudo por menos "CASERO" recordar las palabras de su ídolo Sabino: *"Entregar este pueblo en brazos del maketismo es precipitarle en los abismos del infierno".*

Tras estos últimos avatares y dado que "BESTIA" seguía malito y que llegaban las Navidades, a casa para descansar.

Un comando terrorista esperó el paso de su coche y les hirió de gravedad con varias ráfagas de metra[illegible]

RENTERIA: ATENTARON CONTRA TRES OBREROS

RENTERIA. — Tres personas resultaron heridas de gravedad a consecuencia de un atentado que se produjo sobre la una del mediodía de ayer en la localidad guipuzcoana de Rentería, barrio de Beraun. Existe la impresión de que el atentado fue perpetrado por ETA militar ya que, según fuentes policiales, en el lugar de los hechos se recogieron un total de 20 casquillos del calibre 9mm. Parabellum, munición habitualmente usada por esta organización. Las tres personas viajaban en el «Seat 127», matrícula CO-0501-0, y a la altura del número 11 de la calle Beraun fueron tiroteados por tres individuos que huyeron posteriormente en un «Renault 12» blanco matrícula SS-6361-K.

Las tres personas que resultaron heridas son Esteban Fariñas, de 26 años de edad, que recibió dos impactos de bala, casado, domiciliado en Rentería y

[...] formó del desarrollo de los mismos. «Poco antes de que apareciera el «Seat 127» en el que viajaban los tres heridos —dijo— apareció en el lugar un efe-

Lugar del atentado y primer plano del coche que ocupaban los obreros. Como se puede observar, chapa y crista[illegible] les fueron atravesadas por numerosos balazos.

Fotografía del coche de los trabajadores con impactos de bala.

16 SEPTIEMBRE 1983. *Casi diez meses después.*

Tanta inactividad asesina no es buena, pensó "CASERO". Tras hacerse con un taxi a punta de pistola, "CASERO" y otros dos del comando se fueron a la estación de tren de Urnieta.

Sabían que todas las mañanas allí acudía el **Policía Nacional Don Pablo SANCHEZ CESAR**, de 24 años, para tomar el tren e ir a trabajar en San Sebastián.

El policía llegó al andén donde en ese momento, cerca de las ocho y media de la mañana; había bastante gente que iba a hacer lo mismo que él. Algo observó que no le gustó; intentó ocultarse, lo cual era bastante difícil. Sin mayores problemas y con un subfusil, le acribillaron a balazos, y una vez caído le remataron con un tiro de pistola en la cabeza. Falleció allí mismo.

Ignoro quién disparó, pero conociendo a nuestro personaje, fijo que, o el subfusil o la pistola fueron usados por él.

Mira que había gente en el andén. Pues sólo pudieron decir que eran tres y a cara descubierta. No se pudieron fijar en nada más. Además, ¿para qué?, seguro que **"algo habrá hecho"**.

ASESINADO UN POLICIA NACIONAL EN GUIPUZCOA

Fotografía del lugar donde cayó asesinado el Policía

9 DICIEMBRE 1983. *Casi tres meses después.*

Poco sabemos de las razones de éste asesinato (si es que alguno la tiene).

A las diez de la noche, el "Völkischer Beobachter" de la izquierda radical abertzale (Herri Batasuna, hoy Sortu dentro de Bildu, socios de gobierno en España), es decir el diario Egin para los que no hayan pillado la sutileza, indicó que en las inmediaciones del cementerio nuevo de Rentería, carretera hacia Astigarraga, ETA había "dejado" un cadáver.

Ese cadáver era el del taxista **Don Pablo GARRAZA GARCÍA,** de 59 años. Fueron "CASERO" y "BESTIA" quienes unas horas antes le habían secuestrado. Se supone que tras un hábil interrogatorio, le metieron un tiro en la cabeza. Razones ninguna, pero ya saben, **"algo habrá hecho".**

El taxista tenía un disparo en la cabeza. (Foto Michelena).

Fotografía del taxista asesinado en el lugar de los hechos

Pasamos ya a un nuevo año, 1984.

No se tienen noticias de "CASERO" más allá de que en primavera volvió a entrar en Guipúzcoa con "BESTIA" y otro "colega" para efectuar un secuestro, pero éste resultó fallido.

Luego, en junio, un comando de liberados fue desarticulado por la Guardia Civil en Hernani. Resultó detenido el responsable, que cara a cara contra la Guardia Civil se hizo caquita, y dijo no disparéis que me rindo. "BELTZA" y el otro liberado de ese talde se pusieron cabezones. No quedó más remedio que reducirlos a tiros. Ambos fueron directos al más allá sin escalas intermedias.

Estos dos tuvieron mala suerte, visto ahora, años 2022 e inicios de 2023. Por año y medio no serán reconocidos como víctimas de la violencia policial si al final sale adelante la propuesta que maneja el Gobierno o cualquiera de sus socios, que para el caso viene a ser lo mismo. Tócate la minga Dominga (Echenique dixit)

El talde de "CASERO", pies para qué os quiero. Corriendo a refugiarse en Francia.

En 1985 se sabe que volvió a estar por la zona de Donostialdea (comarca de San Sebastián y alrededores), pero no se tienen noticias fidedignas de actuaciones suyas, más allá de un atentado contra la Guardia Civil en la autopista A-8 a la altura de Rentería, resultando heridos graves dos miembros de los "GAR" (entonces Grupos Antiterroristas Rurales, y hoy, ya más finos, Grupos de Acción Rápida).

Pero sólo eso, debió ser frustrante para "CASERO".

Lo que digo a continuación sí que es cosecha propia, y no está respaldado por ninguna fuente.

Hay dos ekintzas sin resolver, sin autor conocido, que por la zona y por el tiempo en que se produjo, muy bien pudieran haber sido obra de la dupla "CASERO" y "BESTIA".

El 21 de Mayo de ese 1985 fueron asesinados dos policías nacionales cuando paseaban sus perros por una de las faldas del monte Ulía de San Sebastián, en la zona próxima al barrio donostiarra de Trincherpe (donde estaban sus viviendas) y Pasajes de San Pedro.

Por otro lado, el 09 de Julio, dos guardias civiles que se encontraban en un coche estacionado en inmediaciones de la Delegación de Hacienda de San Sebastián, a la que daban custodia, fueron asesinados por dos etarras que les tirotearon uno a cada lado del coche.

A mí me da que uno u otro, o los dos, fueron obra de esas dos piezas, pero...queda en las tinieblas.

Tampoco hay que olvidar que en esas fechas y en esa zona también actuaban comandos legales, como el que formaban José Luis ISASA LASA y Juan Carlos IGLESIAS CHOUZAS "GADAFI". ISASA reventó al explosionarle la bomba lapa que intentaba colocar en los bajos del coche de un miembro de las Fuerzas de Seguridad en San Sebastián el 3 de septiembre de 1985, dándose a la fuga "GADAFI".

También ellos dos pudieron ser autores de alguno de los dos atentados, pero no creo que "GADAFI" esté por aclararlo, aunque los políticos que le representan forman parte de la coalición que apoya al gobierno de España.

Forman parte de esas 138-140 víctimas mortales que están por esclarecer, según mis propias informaciones recabadas en los treinta años de servicio en la lucha antiterrorista en San Sebastián y Vitoria. Otra cosa es el esclarecimiento judicial, según el cual son unas 370.

No hay noticias de 1986 y 1987.

Recordemos que también los asesinos en serie se tomaban largas épocas de "descanso".

Pero como la cabra (en este caso macho cabrío, vulgo cabrón) siempre tira al monte, "CASERO" en 1988 se incorpora a un Comando que operaba en otras zonas del País Vasco, junto con "BESTIA" y otros dos liberados.

Sus nuevos responsables en Francia eran Jesús ARCAUZ ARANA, "JOSU DE MONDRAGON" y José Javier ZABALETA ELOSEGUI, "BALDO".

Y vuelta a empezar.

PARTE CUARTA

"COMANDO LIBERADOS III".

(1988-1989)

19 MARZO 1988. Cuatro años y medio después.

Día del padre. Como "CASERO" y "BESTIA" poco tenían que celebrar, ya que es dudoso que conociesen a los suyos, dijeron: "nosotros no, pues a alguno le jodemos la celebración".

Era ya media tarde cuando el **Guardia Civil Don Pedro BALLESTEROS RODRIGUEZ,** de 24 años, regresaba con su esposa de comer en casa de sus suegros en la localidad de Durango (Vizcaya). Ambos habían dejado a su hija de corta edad con sus abuelos e iban camino de la casa cuartel en esa localidad a bordo se su Talbot Horizón.

Al llegar al Stop de la plaza Gurruchaga y detenerse, "CASERO" y "BESTIA" abrieron fuego desde ambos lados del coche. Le alcanzaron ocho veces, cuatro en la cabeza, muriendo en el acto. Su mujer resultó herida en un brazo.

Se recogieron nueve casquillos de pistola. ¿Ven como a un metro y sin posibilidad de defensa de la víctima, no eran malos disparando estos mal nacidos?

La mujer no, pero él, él **"algo habrá hecho".**

Ya le había vuelto a coger el gustillo y había que resarcirse de tanta inactividad. Es más que posible que la familia de ella y la cría ya tuvieran nociones de euskera, por lo que "CASERO" rememoró una vez más a Sabino ARANA: *"Tanto están los bizkainos* (entiéndase vascos) *a hablar su lengua nacional, como a no enseñársela a los maketos o españoles"*

Fuentes policiales sospechan de ETA

Guardia civil asesinado y su esposa herida al ser tiroteados en Durango

Fotografía del cadáver del Guardia Civil asesinado en su vehículo tapado con una sábana.

27 MARZO 1988. *Ocho días después.*

"Estaba jubilado, pero coño, es un general de las Fuerzas Armadas de España" pensaba "CASERO". "De ésta me dan la medalla al etarra distinguido del año, fijo".

Todo lo anterior debió pensar ese Domingo de Ramos a la salida de misa, en la parroquia de Santa María de la localidad alavesa de Salvatierra.

Era la una y media del mediodía cuando el anciano **General de División Don Luis AZCÁRRAGA PÉREZ-CABALLERO,** de 81 años, iba andando junto a su esposa y otros familiares tras asistir al oficio religioso.

Se le acercaron dos etarras (apuesto a que uno era "CASERO") y le metieron cuatro tiros. Tres en la parte posterior de la cabeza y uno en la sien, muriendo en el acto.

Yo creo que alguien les había dicho que a mayor rango de un español, más plomo hay que meterle en la cabeza, y como de munición iban sobrados... Pues nada, cuatro tiros.

Español, Militar, ¿qué más quieren? **"algo habrá hecho".**

Paradojas, tristes paradojas de la vida. Su sobrino carnal, Joseba AZCÁRRAGA, nacido en Salvatierra precisamente, ha sido diputado o senador en Madrid por lo que se embolsa una rica pensión vitalicia. La redondea con una paga que le dan por haber sido Consejero del Gobierno Vasco.

¿Por qué esta elogiosa presentación? Porque este personaje es defensor de los presos de ETA, especialmente de los más sanguinarios. Eso sí, dice estar con las víctimas. Supongo que serán del tipo de esas que reniegan del contacto con las Fuerzas de Seguridad y sí lo mantienen con los asesinos de sus propios allegados.

Recomiendo la entrevista que le realizó Ángeles ESCRIVA para el diario El Mundo.

No sé yo cómo serían las cenas o comidas de Navidad en la familia AZCÁRRAGA, si es que se juntaban todos.

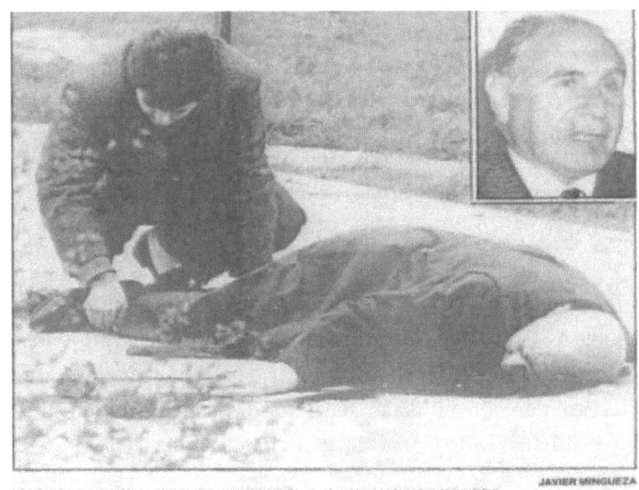

Fotografía del lugar del asesinato, con el cadáver presente. Arriba, foto del General

Pues nada, Servir y Proteger. Allí que acudió la Policía Nacional.

Los miembros del ya **Cuerpo Nacional de Policía, Don Francisco ESPINA VARGAS,** 30 años, y **Don Antonio GÓMEZ OSUNA,** de 32 años llegaron más rápido al prestar servicio de patrulla en motocicleta.

Mientras estaban identificando al personal de la calle, de un bar en la otra acera salieron "CASERO", "BESTIA" y otro liberado armas en mano.

Al primer policía le asesinaron de tres disparos en el pecho y uno en la cabeza, este último para asegurarse de que moría allí mismo como así sucedió.

A su compañero, le alcanzaron con tres en el pecho y tres en la cabeza. Obviamente con el mismo fatal resultado.

Listo. A por el coche robado donde esperaría el cuarto del talde, y a comer que se les pasaba la hora.

Además, **"algo habrían hecho".**

Nuevamente le vino a "CASERO" ilustres palabras de su querido Sabino ARANA: *"El roce de nuestro pueblo con el español causa inmediata y necesariamente en nuestra raza ignorancia y extravío de inteligencia, debilidad y corrupción de corazón, apartamiento total, en una palabra, del fin de toda humana sociedad."*

Creo que tanto esta última frase como casi todo su ideario, es muy, pero que muy similar al expresado por un tal Adolf Hitler en su *Mein Kampf.*

Dos policías nacionales motoristas, asesinados ayer a tiros en Vitoria

Fotografía del lugar de los hechos.
A la derecha, los dos Policías asesinados.

10 SEPTIEMBRE 1988. *Casi cinco meses después.*

La racha parece que se había cortado. Llevaban tres intentos fallidos en los últimos meses contra diferentes objetivos. Sólo dos guardias civiles heridos. Esto no podía seguir así. El prestigio "CASERO" así lo exigía.

Ese sábado sobre las cinco y media de la tarde (sí queridos policías de hoy en día, entonces se curraba sin horarios ni libranzas porque los "malos" estaban ahí fuera) y tras haber efectuado el relevo de la troncha (vigilancia), los miembros del **Cuerpo Nacional de Policía, Brigada de Información de Bilbao, Inspector Don Martín MARTINEZ VELASCO,** 33 años, **y el Policía Don Pedro Antonio FONTE SALIDO,** de

27 años, se dirigieron a un bar de la pequeña población vizcaína de Izurza para llamar por teléfono a base y decir que ya estaba el relevo efectuado. Ah, no os asombréis queridos policía de hoy en día, entonces no existían móviles, no había emisoras con la potencia necesaria, y si gastabas dinero en llamadas o en tomar algo para poder hacer esa llamada, siempre de tu bolsillo. No se reclamaban dietas ni Cristo que lo fundó. Si el jefe te la ponía bien, si no era así, también. Allí se estaba para trabajar. Por supuesto a nadie se le obligaba a permanecer en esas brigadas. Era voluntario. Había otros destinos mejores para vivir cómodamente, incluso para estudiar y sacarte una carrerita que luego te promocionaba. Hubo varios de estos que llegaron a la Junta de Gobierno del Cuerpo. Otros, que se dejaron los cojones allí trabajando, literalmente o no, luego fueron rechazados para ascensos o puestos de alto mando por no tener carrera. Mierda para los primeros, honor para los segundos.

El inspector entró sólo al bar para dirigirse al teléfono público que allí había. No vio que a su espalda se colocaba uno de los tres del comando, bien "CASERO", bien "BESTIA", bien el tercer integrante del talde. Le disparó siete veces, matándole en el acto.

Fuera en el coche esperaba el Policía. A él los otros dos le asesinaron de diez disparos.

Qué hombría, qué valentía, qué... ¡pedazos de hijos de la grandísima puta!

Ya saben, los asesinaron, pero algunos pensaron **"algo habrán hecho".**

Seguro que cuando los tres asesinos lo celebraron esa noche, "CASERO" les recordó aquella "gran" premisa de

Sabino ARANA: *"Para ser patriota, es preciso amar la libertad de la patria. Para amar la libertad de la Patria, es preciso* ***odiar a muerte*** *a quien la esclaviza. Nosotros odiamos a España con toda nuestra alma."*

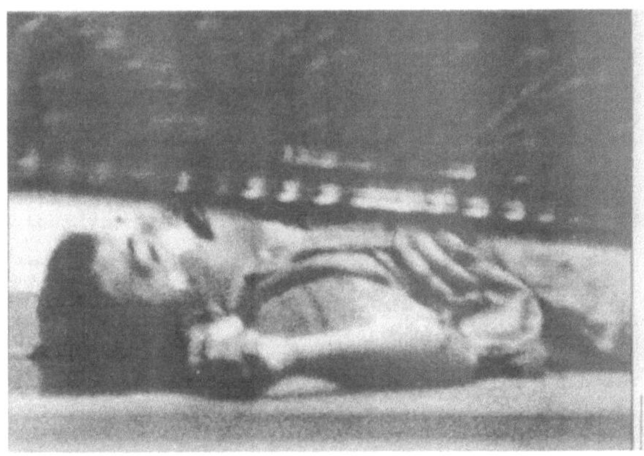

Fotografía del interior del bar, con el cadáver del Inspector de Policía Martín MARTINEZ

Un inspector y un policía nacional asesinados ayer en Izurza cuando se pararon en un bar a telefonear

Fotografía de las afueras del bar. En primer plano, el coche donde fue asesinado el Policía Pedro Antonio FONTE

Tras esta última hazaña a casa, a Francia, que venía la Navidad. Eran perros sarnosos, pero les gustaba aullar juntos los villancicos.

A mediados de febrero de 1989, y siguiendo instrucciones del gerifalte "BALDO", entran otra vez en España los tres del talde.

En esta campaña y a pesar de que lo intentaron, no consiguieron nada que llevarse a su sangriento zurrón. Y eso que colocaron 500 kilos de amonal (explosivo) contra el Cuartel de la Guardia Civil de Llodio (Álava), pero nada, ningún muerto. Estaba claro que a "CASERO" le iba más lo de matar "a pelo".

A finales de Agosto "BESTIA" y un laguntzaile tienen un tiroteo en Vitoria con miembros de la Guardia Civil que les habían reconocido.

Esto hace que decidan regresar una vez más a Francia llevándose con ellos a un legal del comando que podía estar "quemado" (identificado por las Fuerzas de Seguridad).

16 DE SEPTIEMBRE DE 1989, *DIEZ AÑOS, SIETE MESES Y TRECE DÍAS DESPUÉS DE QUE "CASERO" EMPEZARA A ASESINAR.*

Los cuatro etarras son recogidos por un vehículo que hacía de "*mugalari*" (pasador de mugas, de fronteras).

La Guardia Civil del País Vasco estaba detrás de ellos.

Al ver, o mejor dicho, intuir que iban en el vehículo y observar que se dirigían hacia la frontera, deciden que se les dará el alto en un control de carretera. A tal fin tomaron posiciones miembros de la Unidad Especial de Intervención (UEI).

Sobre las diez y diez de la noche llegan al control siendo bloqueado por vehículos oficiales camuflados.

Los etarras al ver que no tenían salida lanzan desde el interior una granada que al explosionar hiere a uno de los integrantes de la Unidad Especial de Intervención.

"BESTIA" abre fuego contra el exterior, siendo respondido como Dios manda por la Guardia Civil. Muere a consecuencia de los impactos recibidos. El otro etarra y el legal, al ver que pintaban bastos, abandonan vehículo y se tiran al suelo con los brazos extendidos para dejar claro que se rendían, lo mismo que hizo el "mugalari".

Nuestro protagonista, "CASERO" revienta (quizás el fin que le correspondía) al estallarle otra granada que intentaba lanzar, bien al ser alcanzada por uno de los disparos que efectuaban desde el exterior, bien porque con los nervios (estos "pikolos" no estaban de espaldas y desarmados) tiró la anilla y se quedó con la granada. Es igual, el caso es que reventó quedando esparcido en múltiples trozos.

Como dice el rico refranero español, "A TODO CERDO LE LLEGA SU SAN MARTÍN".

Y por cierto, aquí nadie murmuró "algo habrá hecho".

Epílogo

Si tienen la curiosidad de contar las víctimas de "CASERO" verán cómo, si Pitágoras no estaba errado, fueron **TREINTA Y SIETE VÍCTIMAS MORTALES,** heridos al margen.

- Diecisiete miembros de la Policía Nacional.
- Catorce integrantes de la Guardia Civil.
- Un estanquero.
- Un peluquero.
- Un médico.
- Un pintor.
- Un taxista.
- Un General de las FFAA.

Todo ello sin contar al Sargento de la Policía Nacional que se quitó la vida tras el velatorio de cuatro compañeros.

Y sin saber a ciencia cierta qué pasó con esos dos policías nacionales y dos guardias civiles asesinados en 1985.

Todos los asesinados lo fueron a tiros, nada de coche bomba o explosivos.

Todas las alusiones a Sabino ARANA, sus "dichos", pueden encontrarlos en un pequeño libro, ***"De su Alma y de su Pluma".***

Las fotografías son obviamente de prensa de la época, todas o casi todas obtenidas de una de las páginas web de la **Asociación COVITE.** El resto lo han sido de las páginas del Diario **EL CORREO y ABC.**

Como decía el lema (muy desafortunado en mi opinión y creo que también en la del gran Mingote) de la Consejera de Turismo del Gobierno Vasco hace muchos años,

"EUSKADI, VEN Y CUÉNTALO"

Es algo que hay que contar, nunca olvidar. Y sé que aquella Consejera estará hoy de acuerdo conmigo.

NUNCA HAY QUE OLVIDAR.

Zaragoza, 2023

Enrique PAMIES MEDINA "LLEIDA"

Realidad y ficción se mezclan en este relato en el que un miembro de ETA acabó con la vida de 36 personas entre 1979 y 1989 al más puro estilo de los sicarios sudamericanos.

El etarra y sus compañeros son ficticios, aunque basados en miembros de ETA reales. No así sus víctimas, por lo que figuran con filiación y lugar donde cayeron asesinadas.

España, sus políticos, pretenden que olvidemos esa época ignominiosa. No lo conseguirán. No se lo debemos permitir. Las víctimas y los que lucharon contra esa lacra no se lo merecen.